L e s … u r e s

rec…

des Charentes

Recettes Jean-Pierre Nespoux

Photographies Claude Herlédan

Les plats présentés ont été réalisés par Bernard Nicolas
de l'Auberge de la Campagne, à l'île d'Oléron

Éditions
OUEST-FRANCE

A MONTER
A NOËL
LA

introduction

On appelle les « Charentes » les deux départements longeant le fleuve du même nom, l'un intérieur, l'autre maritime, constituant ensemble une région touristique et historique très riche et un univers gastronomique étonnant par la combinaison culinaire de ses produits du terroir et de la côte.
Grâce à cette double configuration géographique, grâce au climat favorable successivement chaud et pluvieux, les Charentes produisent des denrées très diverses et de toute première qualité.
La région côtière excelle en effet, avec ses huîtres du bassin de Marennes-Oléron, ses moules de bouchots, ses crustacés et produits de pêches divers que nous rapportent les chalutiers colorés des ports de La Rochelle et de La Cotinière et de bien d'autres encore...
De son côté, la région centrale complète ces richesses avec sa production de beurre, de cognac et de son dérivé local le pineau, de ses moutons de prés-salés, et de ses produits de « ferme », tels que les volailles, les primeurs, et notamment le « petit melon » charentais.
Natif par mon père de Charente intérieure et par ma mère de Charente maritime, témoin d'une « nouvelle » cuisine nationale et internationale, c'est avec un plaisir immense que je me suis plongé dans les vieilles recettes charentaises pour tenter de reproduire ce que mes grands-mères sortaientde leurs fourneaux (avec une apparente et étonnante facilité d'ailleurs) en donnant par contre à certains plats un petit « vent » nouveau pour permettre à nos cuisinières d'aujourd'hui d'alléger quelque peu leurs préparations tout en respectant scrupuleusement les traditions.

Les petits hors-d'œuvre charentais, que l'on découvre sur toutes les tables du pays avant les repas, « arrosés » de pineau local, représentent la bonne entente culinaire des régions côtières et centrales. Sont présentés ainsi et directement sur la table, tant les petits légumes fraiset crus du jardin que les femmes rapportaient le matin dans le creux de leur tablier ou dans des paniers plats, appelés « dornaye », que les petits coquillages et crustacés recueillis sur les proches côtes à marée basse.
Ils sont servis ensemble accompagnés de pain, de beurre et de sel marin.

Les « amuse-ballots » des côtes

« Dornaye » de primeurs à la croque au sel

Parmi ces primeurs, vous choisirez :

artichaut

le petit artichaut violet que vous effeuillerez jusqu'à ce que le cœur apparaisse bien et que vous croquerez directement au sel, jusqu'aux filaments.

fèves

les fèves nouvelles auxquelles vous ôterez la membrane amère, après les avoir écossées ; elles constituent un véritable délice.

pissenlits

les jeunes pousses de pissenlits, que vous aurez passées à l'eau fraîche, et dont vous dégusterez au sel le cœur blanc.

oignons

les petits oignons doux que vous croquerez également au sel et au beurre simultanément avec de jeunes tomates de printemps.

les « amuse-ballots » des côtes

Vous présenterez également, le plus naturellement possible, dans de petits plats creux, ces petits produits de pêche que l'on peut trouver aujourd'hui sur tous les marchés de France.
Parmi eux, vous retiendrez :

bigorneaux

les bigorneaux que vous aurez préalablement passés au court-bouillon 3 à 5 min avec un bouquet garni (thym, laurier, persil) et du sel.

palourdes

les palourdes, petits coquillages gris pêchés à pied, que vous pouvez servir crus, ouverts sur place avec un petit couteau pointu.

pétoncles

les pétoncles, ou Saint-Jacques miniatures, que vous présenterez également crus et ouverts sur-le-champ.

boucs

les boucs, ou petites crevettes grises, que vous préparerez soit au court-bouillon et bouquet garni, soit frits au beurre et à la poêle pendant 5 à 8 min en les retournant.

Le petit melon charentais

La particularité et l'avantage du melon charentais proviennent de sa petite taille, et par voie de conséquence de sa facilité de présentation, puisqu'il peut être servi un melon par convive.
Grâce au climat favorable des Charentes, chaud à la belle saison, les petits melons charentais sont reconnus pour être particulièrement parfumés et sucrés.

Pour 6 personnes

6 petits melons,
3 verres de pineau

Égaliser la base des melons en entamant au couteau le fond de l'écorce afin que ceux-ci restent bien fixes sur les assiettes.

Trancher aux trois quarts de la hauteur le chapeau de chaque melon, afin d'obtenir une ouverture suffisamment large sans en altérer le galbe général.

Vider le melon de ses graines. Verser dans chaque melon un verre à liqueur de pineau et laisser macérer 30 min avant de servir. Servir très frais.

Le petit melon charentais

Les *asperges* **vertes** *à la charentaise*

Pour 4 personnes

800 g d'asperges vertes
3 jaunes d'œufs
1 cuillerée à soupe de vinaigre aromatisé
100 g de beurre
sel et poivre blanc

Plonger les asperges bien épluchées, à plat, dans l'eau bouillante salée.

Baisser un peu le feu et laisser cuire 20 min environ.

Retirer délicatement les asperges avec l'écumoire, les laisser égoutter quelques secondes et les placer dans un plat long, couvert, pour les préserver tièdes.

Dans une cassolette, à feu doux, et de préférence au bain marie, préparer la sauce avec un fond d'eau froide, les jaunes d'œuf et le vinaigre.

Tourner au fouet vivement en incorporant le beurre au mélange, progressivement, en petites noix, sans cesser de fouetter pendant 5 min environ.

Lorsque le beurre est bien incorporé et hors du feu, ajouter deux cuillerées à soupe de crème fraîche et un blanc d'œuf battu bien ferme. Saler et poivrer.

Fouetter un peu la sauce sur le feu avant de servir et napper les pointes d'asperges sur le plat de service. Présenter le reste de la sauce dans une saucière.

salade *de* **pissenlits** *aux bigorneaux*

Pour 4 personnes

4 bonnes poignées de pissenlits,
1 kg de bigorneaux
1 bouquet garni (thym, laurier, persil)

vinaigrette

6 cuillerées à soupe d'huile d'olive
3 cuillerées à soupe de vinaigre aromatisé,
sel de mer, poivre
ciboulette ciselée très fine
1/2 cuillerée à soupe de crème fraîche

Le bigorneau

Le bigorneau est un petit escargot de mer, que l'on pêche à pied, à marée basse, aux bords des côtes de l'Atlantique. On en trouve très facilement chez nos poissonniers. Ils complètent savoureusement les plateaux de fruits de mer et agrémentent les salades

Rincer plusieurs fois les bigorneaux à l'eau claire puis les faire dégorger dans de l'eau vinaigrée pendant près de 1 h. Les rincer à nouveau.

Porter à ébullition environ 2 l d'eau avec une bonne pincée de gros sel de mer et un bouquet garni. Au premier bouillon, baisser le feu légèrement, plonger les bigorneaux dans cette eau et laisser cuire environ 5 min.

Retirer les bigorneaux et laisser égoutter dans une passoire.

Décoquiller les bigorneaux lorsqu'ils ont un peu refroidis à l'aide d'une épingle. Les réserver.

Laver soigneusement la salade, l'égoutter, la tailler un peu en biseaux et la mélanger dans un saladier avec les trois quarts de la vinaigrette.

La disposer en parts égales étalées dans chaque assiette.

Mélanger ensuite les bigorneaux dans le reste de la vinaigrette, à laquelle est ajoutée et bien mélangée la crème fraîche.

Disposer au centre de chaque assiette, sur les pissenlits, les bigorneaux assaisonnés et parsemer de ciboulette.

La conception d'un dîner charentais digne de ce nom ne se conçoit pas sans soupe et tous les cuisiniers savent qu'une bonne maison s'apprécie par la qualité de son potage. Très typiques des Charentes, ces trois recettes constituent une ouverture délicate pour les repas divers.

La soupe aux huîtres

La soupe aux fèves

Pour 6 personnes

1,5 kg de fèves,
50 g de cerfeuil,
50 g d'oseille,
100 g de beurre,
sel
et poivre blanc

Écosser les fèves et leur ôter délicatement la fine peau qui les recouvre après les avoir ébouillantées pour faciliter cette tâche.

Plonger à nouveau les fèves dans 2 l d'eau bouillante salée et faire cuire 20 min à feu doux.

Sortir du feu le plat de cuisson pour mixer ou écraser au pilon les fèves dans leur eau, en y ajoutant le beurre ainsi que le cerfeuil et l'oseille finement hachés.

Assaisonner et servir aussitôt, parsemé de petits croûtons aillés et grillés au four.

La soupe aux moules

Pour 6 personnes

2 l de moules de bochots,
1 bouquet garni composé de thym, de persil et de laurier,
3 verres de vin blanc sec,
50 g de beurre,
50 cl de crème fraîche,
2 jaunes d'œufs,
sel, poivre,
noix muscade,
persil haché

Placer les moules nettoyées, en ayant préalablement vérifié qu'elles sont bien fermées, dans un grand récipient allant au feu. Y ajouter le vin blanc et le bouquet garni.

Poser sur feu doux, couvert, pendant 10 min environ, jusqu'à ce qu'elles s'ouvrent, en remuant le récipient pour les déplacer.

Retirer du feu et détacher les moules de leurs coquilles en réservant, dans une casserole, leur bouillon de cuisson soigneusement passé au tamis.

Diluer dans un grand bol un peu de bouillon de cuisson, les jaunes d'œufs, la crème fraîche, le beurre fondu et de la noix muscade.

Ajouter progressivement au bouillon de cuisson cette préparation et laisser réduire à feu doux 10 à 15 min. Ajouter les moules en remuant délicatement et servir bien chaud, saupoudré de persil haché.

La soupe aux huîtres

Pour 6 personnes

3 douzaines d'huîtres de taille moyenne,
50 g de beurre,
2 cuillerées à soupe de farine,
1,5 l de court-bouillon,
1 jaune d'œuf,
25 cl de lait,
sel, poivre, cerfeuil

Ouvrez les huîtres et détachez-les de leurs coquilles en réservant dans une casserole leur eau finement filtrée pour supprimer toute écaille.

Préparez dans un autre récipient un beurre roux en mélangeant à feu doux la farine et le beurre et en y ajoutant lentement le court-bouillon, puis le lait dans lequel vous aurez dilué le jaune d'œuf.

Faites cuire cette préparation et chauffez l'eau des huîtres jusqu'à ce qu'elle frissonne.

Jetez-y les coquillages et laissez cuire 3 min.

Versez enfin la préparation au beurre roux sur le bouillon d'huîtres en remuant délicatement.

Servez aussitôt, saupoudrez de cerfeuil frais haché.

Présentez à part des petits dés de pain revenus dans du beurre.

Pour les entrées, j'ai choisi les coquillages crus ou chauds, nature ou accompagnés de sauces, ainsi que les « cagouilles », c'est-à-dire les petits escargots, préparés en Charente pour les repas du dimanche et des jours de fête.

Les huîtres chaudes du Chapus

Pour 6 personnes

3 douzaines d'huîtres,
50 g de beurre,
2 cuillerées à soupe de farine,
2 jaunes d'œufs,
1 verre de vin blanc sec,
sel, paprika,
chapelure,
persil

Choisir de préférence de grosses huîtres.

Les ouvrir et réserver leur eau bien filtrée afin qu'il n'y ait aucun éclat. Détacher ensuite les huîtres en les laissant dans leurs coquilles, et les disposer soit dans des cassolettes individuelles, soit dans un grand plat allant au four.

Dans un récipient, préparer un beurre roux en mélangeant à feu doux le beurre, la farine, puis l'eau des huîtres et le vin blanc, lié avec deux jaunes d'œufs.

Laisser prendre au feu cette préparation pendant 5 à 10 min. Assaisonner de sel et de paprika et napper les huîtres de cette sauce. Saupoudrer légèrement de chapelure et de persil mixé et mettre au four jusqu'au premier bouillon. Servir aussitôt.

Les huîtres chaudes du Chapus

blanquette de lavagnons

Pour 6 personnes

3 oignons,
3 carottes,
50 g de beurre,
50 g de farine,
2 jaunes d'œufs,
1 verre de vin blanc sec,
1 verre de lait,
1 bouquet garni,
sel, poivre

Le lavagnon

Le lavagnon est un petit coquillage d'aspect extérieur identique à la palourde, mais pêché plus au large, et très fragile, que l'on fait ouvrir à la cuisson. Très appréciés par les Charentais, les lavagnons sont traditionnellement servis en blanquette

Placer les lavagnons bien nettoyés dans un faitout allant au feu.

Y ajouter le vin blanc, les oignons émincés, les carottes en rondelles et le bouquet garni.

Poser sur feu doux, couvert, pendant 10 min environ afin que les lavagnons s'ouvrent.

Retirer du feu et réserver les lavagnons avec leurs coquilles dans un plat à service ;

Passer le bouillon de cuisson au tamis. Le mélanger dans une casserole avec le beurre, la farine et le lait. Laisser cuire à feu doux 15 min.

Ajouter les champignons préalablement cuits ou revenus à la poêle en fin de cuisson.

Hors du feu, incorporer les jaunes d'œufs et verser la sauce très chaude sur les lavagnons.

Les coquilles Saint-Jacques à l'ancienne

Pour 4 personnes

12 à 16 coquilles
20 cl de vin blanc sec
2 échalotes
1 bouquet garni (thym, laurier, persil)
1 brin de persil haché
40 g de beurre
200 g de crème fraîche
2 jaunes d'œufs
1/2 jus de citron
1 cuillerée à soupe de farine
1 cuillerée à soupe de chapelure
sel, poivre

Les coquilles Saint-Jacques

Les coquilles Saint-Jacques sont pêchées au large des îles d'Oléron et de Ré sur les hauts plateaux marins par les chalutiers. Elles constituent un plat traditionnel des Charentais maritimes et sont toujours consommées avec leur corail. Suivant leur grosseur on doit prévoir 2 à 3 coquilles par convive.

Détacher les chairs des coquilles en ne préservant que les noix et le corail et les nettoyer délicatement sous l'eau.

Préserver et laver soigneusement six grandes coquilles vides.

Porter à ébullition dans une casserole le vin blanc assaisonné de sel et poivre et du bouquet garni. Plonger les noix et le corail dans le bouillon pendant 3 min.

Retirer ensuite les coquilles à l'écumoire et les préserver.

Faire réduire le bouillon au tiers en y ajoutant les échalotes finement émincées.

Dans une cassolette, faire fondre le beurre, blanchir avec la farine en tournant avec une cuillère en bois, ajouter la crème fraîche et le court bouillon réduit en tournant toujours et porter à ébullition.

Hors du feu, mélanger avec deux jaunes d'œuf et le jus d'un demi-citron.

Reconstituer six coquilles, napper avec la sauce, saupoudrer de chapelure et de persil haché. Mettre dans le four préchauffé au maximum pendant 3 min environ les coquilles pour les dorer et les réchauffer.

Les servir aussitôt sorties du four.

Les cagouilles à la charentaise

Pour 6 personnes

6 douzaines de petits escargots,
1 verre de vin blanc sec,
100 g de beurre coupé en dés,
2 échalotes,
1 gousse d'ail,
100 g de jambon de pays,
1 cuillerée à soupe de purée de tomate

Les « cagouilles »

Les « cagouilles » ou petits escargots constituent l'emblème des Charentes et ce pour de multiples raisons. D'abord par la profusion de ces petits mollusques de vignes ou de haies qui ont longtemps remplacé la viande des dimanches, mais aussi par un rapprochement avec la patience et la persévérance des Charentais, eux-mêmes appelés communément les « cagouillards ».

Après les avoir fait jeûner à la farine et lavés, faire blanchir les escargots dans de l'eau vinaigrée et salée puis bien les égoutter.

Faire revenir dans une casserole le beurre, les échalotes finement coupées, le jambon cru et l'ail hachés. Mouiller progressivement d'un verre de vin blanc avec la purée de tomate.

Ajouter les cagouilles avec leur coquille, et laisser cuire à feu doux et couvert, pendant 1 h environ en remuant. Retirer les cagouilles délicatement, en dehors de la sauce, et les placer dans des plats individuels ou un grand plat de service que vous tiendrez au chaud.

Passer la sauce au tamis et la verser bouillante, sur les cagouilles.

Servir saupoudré de persil haché et présenter des rince-doigts.

Vous pouvez également réaliser cette recette avec des petits escargots précuits, en procédant de la même façon, c'est-à-dire en ajoutant ceux-ci à la préparation d'échalotes, jambon et vin blanc, et en les laissant cuire à feu doux pendant 10 min environ.

Vous les disposerez ensuite dans les plats individuels, sans coquilles, et napperez de la sauce bouillante passée au tamis.

Toutefois, cette préparation, bien que délicieuse, ne respectera pas véritablement et pleinement la tradition charentaise.

Délices de claires Alcyon (huîtres chaudes)

Pour 4 personnes

2 douzaines de Spéciales de Claires Marennes-Oléron,
20 g d'échalote,
1/2 verre de vin blanc sec,
25 cl de crème fraîche fluide,
1 bouquet d'oseille,
1/4 de citron,
1 kg de gros sel

Dans une petite casserole, faire réduire les échalotes émincées.

Ajouter le vin blanc et, après réduction, ajouter la crème fraîche. Laisser réduire jusqu'à napper légèrement le dos de la cuillère de bois.

Laver et ciseler l'oseille et l'incorporer dans la crème déjà réduite. Saler, poivrer et ajouter le jus de citron au dernier moment ainsi qu'un peu de jus d'huître filtré. Réserver le tout.

Faire ouvrir les huîtres dans un four à 200 ° (sans les laisser cuire). Tapisser les assiettes de gros sel, dresser les huîtres dessus et napper avec la sauce bien chaude. Servir aussitôt.

(Recette de Bernard Nicolas)

Les encornets farcis

2 gros encornets de 500g

Pour la farce

200 g de pain rassis,
25 cl de lait,
30 g d'échalotes,
3/4 de gousse d'ail,
2 œufs,
1/4 de verre de cognac,
sel, poivre,
persil,
Huile d'olive,
600 g de tomates fraîches concassées,
encornets

Nettoyer les blancs d'encornets avec beaucoup de précaution, intérieur, extérieur, sans omettre de retirer la petite peau fine, et réservez. Préparer la farce suivant la composition en prenant soin de mélanger de façon très homogène.

Farcir les blancs d'encornets de cette préparation et fermer les extrémités de quelques points de couture.

Dans une cocotte (ou sautoir), les faire revenir à l'huile d'olive en colorant chaque farce, déglacer avec un peu de cognac, additionné du concassé de tomates parfumé d'une pointe d'ail et de thym. Laisser cuire à feu doux 25 à 30 min environ (suivant grosseur) sans couvrir. Dressage.

Découper en tranches les encornets, dresser sur le concassé de tomates et les servir accompagnées d'un riz pilaf en saupoudrant de persil grossièrement haché et rectifier le sel et le poivre (le tout peut se réchauffer très facilement).

(Recette de Bernard Nicolas)

Les encornets farcis

La fricassée de Saint-Jacques

Pour 6 personnes

2 douzaines de coquilles Saint-Jacques,
100 g de beurre,
1 verre de pineau des Charentes,
sel, citron, paprika

Retirer les Saint-Jacques de leurs coquilles et bien les nettoyer en ne conservant que le corail, la noix et la collerette.

Dans une poêle, faire saisir au beurre l'ensemble des coquilles pour qu'elles prennent une belle couleur 3 min environ de chaque côté.

Retirer les coquilles du feu et les disposer dans des petits plats de service que vous conserverez au chaud.

Ajouter le reste du beurre dans le jus de cuisson puis le pineau, un trait de citron, le sel et le paprika. Tourner délicatement au feu jusqu'à ébullition. Napper les coquilles de cette sauce bien chaude et servir aussitôt.

Les petits crabes mous du pertuis d'Antioche

Pour 4 personnes

2 mulets de 800 g environ chacun
1 oignon piqué d'un clou de girofle
2 carottes
1 branche de céleri
1 bouquet garni (thym, laurier, persil)
50 cl de vin blanc sec
sel de mer, poivre
Pour la sauce
1 douzaine d'oursins
100 g de beurre
2 jaunes d'œufs
1 cuillerée à soupe de crème fraîche

« chancre »

Au large de La Rochelle, au nord de l'île d'Oléron, il est possible de pêcher, à pied, en période de grandes marées, le petit « chancre » mou, qui n'a pas encore fait sa carapace et qui se réfugie dans les rochers ou le sable à marée descendante. Les Charentais en sont très friands. Ils se consomment généralement en entrée.

Dans une poissonnière, porter à ébullition 3 l d'eau coupée d'environ 25 cl de vin blanc

Ajouter une bonne pincée de gros sel de mer, quelques grains de poivre, le bouquet garni, l'oignon piqué, les carottes coupées en rondelles, et la branche de céleri taillée en morceaux.

Laisser cuire ainsi 35 min. Baisser le feu pour faire retomber la température de l'eau. Faire reprendre ensuite un léger frémissement.

Plonger les poissons entiers et laisser cuire 10 min.

Sortir délicatement les poissons du court-bouillon, retirer la peau, tirer les filets et veiller à bien ôter toutes les arêtes. Placer les filets dans un plat à service.

Poser le plat sur le faitout du court bouillon encore fumant et couvrir pour garder les poissons au chaud.

Pour la sauce

Ouvrir les oursins avec un ciseau pointu en découpant une auréole autour de la bouche.

Retirer à la petite cuillère les chairs couleur corail.

Réserver la moitié de ces chairs en morceaux, passer au mixeur l'autre moitié avec un verre de court bouillon filtré et un demi-verre de vin blanc. Sur feu doux, faire réduire le mélange à un tiers environ.

Incorporer les jaunes d'œufs en battant au fouet puis le beurre, puis hors du feu la crème fraîche en battant toujours. Rectifier l'assaisonnement s'il y a lieu, ajouter les chairs d'oursins à la sauce et napper les poissons.Servir aussitôt.

Les piballes *en* friture

Pour 4 personnes

Les piballes

Les piballes sont des alevins d'anguille pêchés dans les estuaires ou les écluses, quelques jours avant Pâques. Elles constituent un mets traditionnel et très recherché en Charente-Maritime, en raison de sa période de pêche limitée à quelques jours dans l'année. En effet, les petites anguilles ne doivent pas dépasser la grosseur d'une aiguille à tricoter et une longueur de 5 à 6 cm pour être ainsi consommées.

600 gr de piballes
1/2 verre de vinaigre
100 g de beurre

Faire dégorger dans de l'eau vinaigrée les piballes pendant 1h environ. Les sortir à l'égouttoir et les laisser sécher sur un linge propre.

Dans une poêle faire fondre un bon morceau de beurre et passer les piballes en friture 2 à 4 min, pas plus, en remuant la poêle pour les déplacer.

Les verser délicatement dans un plat à service juste salées d'un peu de fleur de sel d'Oléron et accompagnées de petites tranches de pain beurrées.

Le plateau *d'*huîtres *et* crépinettes

Pour 6 personnes

6 douzaines d'huîtres,
12 crépinettes

La culture de l'huître, appelée depuis 1875 ostréiculture, constitue la production principale du bassin de Marennes-Oléron, partie centrale de la Charente maritime.
Les huîtres de production charentaise que nous connaissons aujourd'hui et, notamment, les fines de claire et les spéciales sont élevées dans des parcs en bord de côtes, puis affinées dans des « claires », c'est-à-dire des petits bassins intérieurs construits à cet effet, ou d'anciens marais salants transformés.
En Charente maritime, les huîtres sont consommées nature, sans citron ni vinaigre, accompagnées de crépinettes.

Ouvrir les huîtres 1 h avant de servir, avec un couteau court à lame solide que l'on plante aux deux tiers de la longueur interne de l'huître afin d'en détacher le muscle.
Jeter la première eau et placer les coquilles sur un grand plat garni d'algues fraîches, en évitant de **les poser** directement sur de la glace pilée qui les refroidit trop et leur altère le goût.
Faire griller au four les crépinettes, petites saucisses plates aux herbes et au vin blanc, que l'on peut trouver truffées en période de fêtes. Servir les huîtres fraîches et les crépinettes bien chaudes.

FLEUR
D'OLERON
des Iles

La mouclade façon grand-mère

Pour 6 personnes

1 kg de grosses sardines,
200 g de raisins,
100 g de chapelure,
2 jaunes d'œufs,
2 cuillerées à soupe de crème fraîche,
1 gousse d'ail hachée,
persil haché,
sel, poivre

Écailler les sardines, les vider et bien les nettoyer.

Couper les graines de raisins en deux et les mettre à tremper à l'eau tiède pendant environ 30 min.

Dans un saladier, mélanger les raisins égouttés avec la chapelure, les jaunes d'œufs, la crème fraîche, l'ail et le persil hachés.

Saler et poivrer.

Remplir les sardines de cette farce et les refermer, serrées par un fil.

Passer les sardines à la farine.

Faire frire les sardines à l'huile très chaude, jusqu'à ce qu'elles soient bien dorées de chaque côté.

Les filets de meuille au beurre d'oursin

Pour 4 personnes

2 mulets de 800 g environ chacun
1 oignon piqué d'un clou de girofle
2 carottes
1 branche de céleri
1 bouquet garni (thym, laurier, persil)
50 cl de vin blanc sec
sel de mer, poivre

Pour la sauce
1 douzaine d'oursins
100 g de beurre
2 jaunes d'œufs
1 cuillerée à soupe de crème fraîche

Le meuille

Le meuille est l'appellation en patois du mulet, poisson de taille moyenne à chair fine, vivant près des côtes de l'Atlantique, pêché autrefois au hasard des filets.
Les petits oursins, pêchés à pied dans l'eau, à marée descendante, le plus souvent bien remplis et charnus, prêtent parfaitement leur saveur iodée et leur couleur à l'élaboration d'une sauce simple au beurre.

Dans une poissonnière, porter à ébullition 3 l d'eau coupée d'environ 25 cl de vin blanc

Ajouter une bonne pincée de gros sel de mer, quelques grains de poivre, le bouquet garni, l'oignon piqué, les carottes coupées en rondelles, et la branche de céleri taillée en morceaux.

Laisser cuire ainsi 35 min. Baisser le feu pour faire retomber la température de l'eau.

Faire reprendre ensuite un léger frémissement. Plonger les poissons entiers et laisser cuire 10 min.

Sortir délicatement les poissons du court-bouillon, retirer la peau, tirer les filets et veiller à bien ôter toutes les arêtes. Placer les filets dans un plat à service.

Poser le plat sur le faitout du court bouillon encore fumant et couvrir pour garder les poissons au chaud.

Pour la sauce

Ouvrir les oursins avec un ciseau pointu en découpant une auréole autour de la bouche.

Retirer à la petite cuillère les chairs couleur corail.

Réserver la moitié de ces chairs en morceaux, passer au mixeur l'autre moitié avec un verre de court bouillon filtré et un demi-verre de vin blanc. Sur feu doux, faire réduire le mélange à un tiers environ. Incorporer les jaunes d'œufs en battant au fouet puis le beurre, puis hors du feu la crème fraîche en battant toujours. Rectifier l'assaisonnement s'il y a lieu, ajouter les chairs d'oursins à la sauce et napper les poissons. Servir aussitôt.

La matelote d'anguille au vin du Médoc et au madère

Pour 4 personnes

2 anguilles moyennes (250 g par personne)
100 g de beurre
3 cuillerées à soupe d'huile d'olive
1 oignon,
2 échalotes
1 carotte
50 cl de vin rouge du Médoc
1/2 verre de vin de Madère
2 bonnes cuillerées à soupe de farine
thym, laurier,
persil haché,
sel, poivre

Nettoyer, vider et dépouiller les anguilles.

Les couper en tronçons réguliers de 4 cm environ.

Faire revenir à la poêle, dans l'huile d'olive les morceaux d'anguille, à feu moyen, en les tournant, afin qu'elles soient bien dorées sur toute leur surface.

Les retirer de la poêle et les réserver. Dans une cocotte, faire revenir au beurre les carottes coupées en rondelles, les oignons et les échalotes émincées.

Mouiller de vin rouge et d'un bon verre d'eau ou de bouillon.

Ajouter la farine, le thym égrainé, quelques feuilles de laurier et le persil haché. Saler, poivrer.

Tourner pour bien lier la farine et laisser mijoter à feu doux pendant 10 min environ.

Remuer de temps en temps.

Ajouter les anguilles à la sauce puis le demi-verre de vin de madère et laisser cuire toujours à feu doux pendant 20 min.

Retirer les anguilles et les placer dans un plat creux préchauffé.

Passer la sauce dans une casserole, fouetter au feu pour reprendre de la chaleur et verser sur les anguilles dans le plat à service.

Les sardines farcies aux raisins

Pour 6 personnes

3 l de moules,
1 bouquet garni,
2 échalotes,
1 verre de vin blanc sec,
50 cl de crème fraîche,
3 cuillerées à soupe de chapelure

Nettoyer les moules et les placer dans un faitout allant au feu.

Ajouter le bouquet garni, les échalotes hachées et le vin blanc.

Poser sur feu doux, couvert pendant 10 min environ, jusqu'à ce que les moules s'ouvrent, en remuant énergiquement le faitout pour les déplacer en cours de cuisson.

Hors du feu, retirer la coquille supérieure des moules, et réserver les demi-coquilles avec les moules bien attachées.

Passer le bouillon de cuisson au tamis.

Disposer dans une grande poêle en deux ou trois couches successives les moules, le beurre coupé en dés, la crème fraîche, la chapelure.

Chauffer à feu doux en mélangeant délicatement et en mouillant progressivement d'un grand verre de jus de cuisson, pour que l'ensemble des moules se lie aux ingrédients sans trop se détacher.

Mouiller de jus de cuisson tant que cela vous paraît nécessaire afin que l'ensemble de la préparation soit bien lié.

Verser dans un grand plat de service, saupoudrer de persil haché. Servir très chaud.

Les langoustines au pineau

Les langoustines au pineau

Pour 6 personnes

3 douzaines de langoustines,
2 carottes effilées,
2 tomates pelées,
1 oignon,
2 échalotes,
2 verres de pineau,
1 cuillerée à soupe de crème fraîche,
1 poignée de cèpes de vigne,
thym, sel,
poivre de Cayenne,
persil haché

Égoutter les langoustines, les rincer et bien les égoutter. Dans une casserole, les faire revenir dans du beurre pendant 4 à 5 min afin qu'elles prennent une belle couleur.

Verser le pineau, porter à ébullition et flamber.

Ajouter dans la casserole les carottes effilées, les tomates pelées, l'oignon et les échalotes finement hachés, le thym, le poivre de Cayenne et une pincée de sel.

Laisser cuire 10 min environ en remuant délicatement. Retirer les langoustines et les réserver.

Faire réduire la sauce pendant 10 min à feu doux, retirer du feu et la passer au tamis. Y ajouter une cuillerée à soupe de crème fraîche en tournant.

À côté, couper les champignons en lamelles et les faire suer au beurre à feu doux pendant 10 min environ.

Ajouter les champignons et les langoustines à la sauce et remettre au chaud quelques minutes.

Servir en cassolettes, saupoudré de persil haché frais.

La chaudrée du pêcheur

La chaudrée du pêcheur

Pour 6 personnes

2 soles,
1 anguille moyenne,
3 petits raiteaux,
2 seiches,
2 petits mulets,
1 bouquet garni,
gousse d'ail,
2 oignons,
2 verres de vin blanc sec,

La chaudrée représente le plat typique d'un retour de pêche, composée de poissons divers, au gré du filet. Sa base est toutefois composée obligatoirement de blancs de seiches.

Nettoyer, vider, désosser et enlever la peau des poissons soigneusement, afin que la chaudrée se présente sans aucune arête.

Couper les filets de soles et de mulets en deux, l'anguille en morceau, les raiteaux dans le sens de la longueur, et les seiches en lamelles pour obtenir des morceaux à peu près équivalents.

Faire revenir à la poêle, et dans du beurre, les seiches avec l'ail et l'oignon hachés au couteau, pendant 10 à 15 min à feu doux jusqu'à ce que la préparation prenne une belle couleur.

Ajouter le vin blanc, coupé d'une même quantité d'eau, et laisser cuire pendant 30 min en complétant progressivement par les morceaux de poissons suivant leur ordre de cuisson, par exemple : raiteaux, anguille, mulets, soles.

Retirer les morceaux et les mettre dans une soupière ou un plat de service profond et gardez au chaud. Passer la sauce au tamis et la faire réduire un peu à feu doux. Verser la sauce bouillante dans le plat de service, sur les poissons.

Servir avec des petits croûtons tranchés et dorés au four.

Présenter en accompagnement des pommes de terre nouvelles, coupées en lamelles, cuites à l'étouffée et sans eau, avec une bonne couche de gros sel marin.

L'éclade de moules

Pour 6 personnes

3 kg de moules,
1 planche de bois rectangulaire de 3 à 4 cm d'épaisseur,
1 sac d'aiguilles de pin ou de sarments de vigne secs,
pain et beurre salé

Pour déguster ce plat typique des Charentes maritimes, d'un goût exceptionnel, vous choisirez un emplacement dégagé et en plein air.

Disposer les moules crues sur la planche en commençant par le centre avec quatre moules en croix à la verticale, charnière vers le ciel.

Intercaler les moules les unes après les autres adossées aux premières, jusqu'à obtenir une rosace.

Recouvrir l'ensemble de la rosace d'aiguilles de pin ou de sarments de vigne que vous enflammerez en prenant toutes les précautions d'usage.

Quand les aiguilles sont consumées, chasser les cendres à l'aide d'un magazine ou d'un soufflet.

Disposer la planche sur la table et déguster les moules avec du pain et du beurre salé.

L'éclade de moules

L'omelette de petits gris

Pour 6 personnes

6 douzaines de petits escargots de vigne,
12 œufs,
1 verre de vin blanc sec,
100 g de beurre,
1 cuillerée à soupe de crème fraîche,
1 gousse d'ail,
2 petits blancs de poireaux,
1 bouquet garni,
sel, poivre

Après avoir fait jeûner et nettoyé les escargots, les faire blanchir dans une casserole à l'eau vinaigrée et salée pendant 15 min. Bien les égoutter.

Faire revenir dans une casserole le beurre, l'ail et les blancs de poireaux finement coupés, le vin blanc et le bouquet garni.

Ajouter les escargots et les faire cuire à feu doux pendant 1 h.

Sortir du feu et retirer les escargots de leur coquille.

Battre les œufs en omelette et y verser les escargots avec une tasse de sauce passée au tamis et liée d'une cuillerée à soupe de crème fraîche. Saler et poivrer légèrement.

Faire blondir une grosse noisette de beurre dans une grande poêle et verser la préparation délicatement.

Faire cuire à feu doux et replier dans la poêle en veillant à ce que l'omelette, à l'intérieur, reste bien « baveuse ». Saupoudrer de persil haché et servir bien chaud dans un grand plat.

L'omelette de petits gris

L'agneau de pré-salé aux « monjhettes »

Pour 6 personnes

*1 gigot d'agneau d'environ **2,5** kg,*
1 kg de monjhettes,
***200** g de tranches de lard fumé,*
***2** ou **3** pommes de terre,*
***4** petits oignons,*
1 bouquet garni,
1 tomate pelée,
1 cuillerée à soupe d'huile,
sel, poivre

Les « monjhettes »

Les « monjhettes », très particulières aux Charentes, sont de gros haricots blancs qui ne poussent qu'en cette région. De qualité supérieure, elles représentent un accompagnement traditionnel, d'un goût exceptionnel.
Par ailleurs, il a été vérifié qu'au temps des Romains, l'Océan arrivait jusqu'à Niort, soit à quelques kilomètres aujourd'hui de la côte et, au temps de Richelieu, jusqu'à la cité fortifiée de Brouages, ancien port aujourd'hui reculé dans les terres. C'est pourquoi les élevages, et notamment celui de l'agneau, sont traditionnellement pratiqués dans les anciens prés-salés que recouvrait autrefois la mer, ce qui donne à la viande un goût particulier et très apprécié des connaisseurs.
La cuisson du gigot et des monghettes demandant à peu près la même durée, vous n'aurez donc aucun mal à combiner ces deux plats simultanément.
Précisons que le damier de pommes de terre n'est qu'un « coussin » de cuisson et ne peut constituer un accompagnement de ce plat.

Piquer d'ail, plus ou moins selon votre goût, le gigot d'agneau. Tapisser le fond d'une cocotte avec les tranches de lard fumé.
Éplucher les pommes de terre et les couper en rondelles. Disposer les pommes de terre en damier sur le lard et poser le gigot dessus. Fermer la cocotte et laisser cuire 2 h à four moyen.

Les monjhettes

Faire revenir dans une autre cocotte, légèrement nappée d'huile, à feu doux, les monjhettes avec une gousse d'ail coupée au couteau, trois ou quatre petits oignons blancs et le bouquet garni.
Remuer le mélange toutes les 5 min environ et ce, pendant 30 min.
Ajouter ensuite une tomate pelée et coupée en deux et couvrir d'eau bouillante.
Laisser cuire les monjhettes pendant près de 1 h en veillant à maintenir le niveau de l'eau juste au-dessus de celles-ci pendant toute la cuisson. En fin de cuisson, rajouter un gros morceau de beurre, le persil frais et saler. Servir autour du gigot tranché.

L'agneau de pré-salé aux « monjhettes »

Le poulet aux langoustines

Les rognons de veau aux cèpes de pins

Pour 4 personnes

4 rognons de veau
70 g de beurre
1/2 verre de cognac
2 cuillerées à soupe de crème fraîche
430 g de cèpes
1/2 cuillerée à soupe ade farine
1 brin de persil
fleur de sel

On trouve le cèpe de pins dans les forêts de conifère de la côte charentaise. Tout comme son cousin, le cèpe de Bordeaux, il est très recherché car savoureux. Il est nécessaire de bien les nettoyer.

Préparer les rognons en leur retirant la membrane blanche qui les recouvre et toutes les parties graisseuses.
Les couper en petits morceaux égaux, de préférence en suivant les lobes. A côté, séparer têtes et queues des cèpes et découper la base terreuse des pieds. Bien nettoyer les champignons et les passer très rapidement sous l'eau si nécessaire.
Les couper en morceaux égaux de même taille que les lobes de rognons si possible.
Dans une petite poêle, faire fondre 20 g de beurre persillé et saler les champignons à la fleur de sel. Les faire sauter jusqu'à évaporation de leur eau puis les réserver hors du feu.
Passer ensuite les rognons dans une grande poêle à feu vif pendant 4 min pour les dorer en les retournant avec une cuillère en bois. Mouiller avec le cognac et flamber. Baisser le feu.
Incorporer dans la poêle la crème fraîche préalablement mélangée à une demi-cuillerée à soupe de farine, tourner, puis ajouter les champignons sautés et persillés.
Mélanger avec la cuillère en évitant de casser les champignons.
Rectifier l'assaisonnement s'il y a lieu. Laisser cuire encore à feu doux pendant 10 bonnes minutes en ne cessant pas de tourner délicatement. Servir bien chaud.

Le poulet aux langoustines

Pour 6 personnes

1 gros poulet de ferme,
1 verre de cognac,
200 g de petits oignons blancs,
200 g de beurre,
150 g de crème fraîche,
sel, poivre

Couper le poulet en morceaux et le placer dans un faitout. Arroser du cognac et laisser mariner ainsi, pendant plusieurs heures.
Sortir ensuite les morceaux de poulet et réserver à côté la marinade de cognac.
Faire revenir et blondir dans une grande poêle les morceaux de poulet pendant près de 30 min en les tournant à plusieurs reprises afin qu'ils cuisent uniformément.
Les placer dans un grand plat de service et maintenir au chaud. À côté, éplucher les langoustines, les rincer et bien les égoutter.
Dans une poêle, faire sauter les langoustines dans un peu de beurre, en les retournant pendant près de 10 min.
Ajouter ensuite le reste du beurre ainsi que les petits oignons blancs hachés et la crème fraîche.
Faire revenir doucement en ajoutant à la sauce la marinade de cognac et mélanger délicatement le tout afin d'obtenir une sauce crémeuse.
Saler, poivrer et ajouter une pointe de paprika afin de donner du goût et une couleur agréable.
Napper le poulet de cette sauce bien chaude, en prenant soin que les queues des langoustines restent bien entières.

Les côtelettes de veau au cognac

Tout comme les agneaux, les veaux de lait, élevés sur les prés-salés, sont une spécialité charentaise et les rois de la table.
Ils se préparent de mille façons, en côtelette ou autre morceau, généralement accompagnés de champignons et tout particulièrement de cèpes, et arrosés de cognac.

Pour 6 personnes

6 côtelettes,
50 g de beurre,
100 g de champignons,
1 gousse d'ail,
persil, sel, poivre

Trancher avec un couteau bien aiguisé la noix de chaque côtelette en deux horizontalement, jusqu'à l'os, en veillant à ne pas séparer les tranches du manche. Dans une grande poêle, faire saisir à feu vif les côtelettes 30 s environ de chaque côté, pour qu'elles prennent une petite couleur.

Retirer du feu les côtelettes et déglacer la poêle avec un verre de cognac.

Porter à ébullition et flambez. Réserver le jus et les côtes de veau de côté.

Laver, égoutter et couper en morceaux les cèpes. Pétrir dans le beurre ramolli les champignons en morceaux, le persil et l'ail haché, assaisonner de sel et poivre.

Garnir l'intérieur de chaque côtelette de cette farce et les entourer de filets à cuisson. Mettre à four moyen pendant 30 min.

Arroser de la marinade de cognac 10 min avant la fin de la cuisson. Accompagner d'une salade de pissenlits.

Les nids de cailles au pineau

Pour 6 personnes

6 cailles,
200 g de lard gras,
200 g de beurre,
200 g de raisins,
1/2 verre de pineau,
1 cuillerée à soupe de crème fraîche,
pelure de truffes,
sel, poivre

Couper les graines de raisins en deux et le lard en petits dés.

Partager en six portions les raisins et le lard, et garnir chacune des cailles de ce mélange avec une noix de beurre.

Refermer et ficeler les cailles.

Placer les cailles dans une cocotte beurrée au fond, et les **faire revenir** de tous côtés à feu vif afin qu'elles prennent une belle couleur. Arroser du pineau, saler, poivrer et laisser mijoter à feu doux, couvert, pendant 20 min environ.

Retirer les cailles de la cocotte et les réserver dans un plat à service.

Déglacer le jus de cuisson avec une cuillerée de crème fraîche et un demi-verre de pineau.

Ajouter la pelure de truffes et laisser prendre au feu pendant quelques minutes en mélangeant.

Verser la sauce sur les cailles et servir bien chaud.

Les nids de cailles au pineau

Le canard rôti aux airelles

Pour 4 personnes

1 canard d'environ 1,5 kg
500 g d'airelles sauvages précuites en conserve ou en bocal et dans leur jus (environ 350 g d'airelles, 150 g d'eau)
2 cuillerées à soupe d'huile d'olive
6 petits oignons doux
1 verre de pineau
1 brin de thym
sel, poivre

Saler et poivrer le canard, intérieur et extérieur.

Dans une cocotte, faire chauffer l'huile et revenir le canard en le faisant dorer sur tous les côtés pendant 10 min environ.

Sortir le canard et le mettre sur un plat allant au four. Dans la cocotte, ajouter les petits oignons doux hachés et les faire fondre pendant 3 min environ. Séparer les airelles de leur jus.

Ajouter à la cocotte le pineau, le thym égrainé, et le jus des airelles. Laisser réduire 5 min.

Passer la sauce dans une petite casserole et la monter au beurre à feu vif en fouettant.

Verser la sauce sur le canard dans le plat.

Mettre à four chaud le canard pendant 1 h en l'arrosant de sa sauce de temps en temps.

Ajouter les airelles égouttées 5 min avant la fin de la cuisson.

Découper le canard en aiguillettes et morceaux.

Le disposer dans un plat à service et napper de la sauce avec les airelles.

L'île flottante de Tante Odette

Pour 4 personnes

Pour la crème
75 g de sucre semoule
50 cl de lait chaud
1 gousse de vanille
4 jaunes d'œufs
1 cuillerée à soupe de Maïzena
2 cuillerées à soupe de pineau
Pour les blancs
4 blancs d'œufs
1 sachet de sucre vanillé
Pour le caramel
50 g de sucre semoule
1 cuillerée à café de jus de citron
2 cuillerées à soupe d'eau tiède
100 g d'amandes effilées

Pour la crème

Faire bouillir le lait avec le bâton de vanille préalablement fendu. Après ébullition et hors du feu, laisser infuser la vanille. Pendant ce temps, séparer les jaunes des blancs.

Dans un saladier, mélanger au fouet 75 g de sucre semoule, les jaunes d'œufs et la Maïzena.

Verser le lait chaud vanillé progressivement à cette masse en fouettant.

Remettre le tout dans la casserole sur feu doux en tournant avec une spatule ou une cuillère en bois pendant 10 min environ. Le mélange ne doit pas bouillir. Généralement lorsque la crème épaissit un peu et forme une nappe blanche sur le dessus et sur la cuillère, elle est cuite.

Verser la crème dans une grande jarre et laisser un peu refroidir.

Ajouter le pineau et mélanger au fouet.

Pour les blancs

Battre en neige ferme les blancs d'œufs et y mélanger progressivement le sucre vanillé.

Faire bouillir de l'eau dans une casserole assez large et peu profonde. Faire tomber les blancs montés par cuillerées à soupe en nombre identique que de convives.

Retourner les morceaux de blancs avec l'écumoire au bout de 3 min environ et quand ils sont bien fermes les sortir et les égoutter sur un linge.

Dès qu'ils sont froids, les déposer sur la crème en les retaillant si nécessaire.

Pour le caramel

Faire chauffer dans une petite casserole 50 g de sucre semoule, l'eau et le jus de citron, sans remuer. Dès l'obtention d'un caramel blond, sortir du feu et arroser les blancs en filets réguliers.

Remettre au réfrigérateur le tout et servir très frais.

Le milla

Pour 6 personnes

50 cl de lait,
250 g de farine de maïs,
6 cuillerées à soupe de sucre,
3 œufs,
75 g de beurre fondu,
1 pincée de sel,
1/2 verre de cognac

Délayer les jaunes d'œufs avec le sucre. Ajouter en pluie la farine, une pincée de sel, le beurre fondu et le cognac.

Bien mélanger. Verser sur la préparation le lait tiède et en dernier les blancs battus en neige, en mélangeant délicatement l'ensemble pour obtenir une bouillie homogène sans trop écraser les blancs.

Beurrer un plat profond allant au four. Y verser la préparation et faire cuire à feu vif, environ 30 min.

Le milla est cuit lorsqu'il se présente avec la base devenue consistante et le dessus comme un flan. Il se déguste chaud.

Le milla

La roussette

Pour 6 personnes

250 g de farine,
50 g de beurre,
50 g de sucre,
1 œuf,
1/2 verre de lait,
1/2 verre de pineau,
1 sachet de levure,
1 sachet de sucre vanillé

Mélanger dans une terrine la farine, le beurre fondu, le sucre, l'œuf, le lait, le pineau et un sachet de levure.

Bien mélanger la pâte et la laisser reposer pendant 1 h.

Etaler la pâte sur une planche et couper des losanges égaux. Dans une grande poêle nappée d'huile, faire frire les losanges quelques minutes de chaque côté afin qu'ils soient bien dorés.

Sortir les losanges de roussette sur un plat à service.

Saupoudrer de sucre vanillé. Servir chaud.

La galette charentaise

La galette charentaise

Pour 6 personnes

500 g de farine,
200 g de sucre,
4 œufs,
125 g de beurre,
1 pincée de sel,
1 sachet de sucre vanillé,
1 sachet de levure alsacienne,
fruits confits

Battre les œufs entiers et le sucre dans une terrine. Ajouter la farine progressivement puis le beurre ramolli. Travailler la pâte quelques minutes et la placer dans une tourtière préalablement beurrée.

Couper en tout petits morceaux les fruits confits et les disperser sur la pâte. Tracer au couteau des lignes verticales dans les deux sens opposés.

Saupoudrer de sucre vanillé et mettre au four assez chaud pendant 20 min.

La galette peut se manger tiède ou froide.

Les caillebottes

Les caillebottes sont un dessert très particulier des Charentes, que l'on ne trouve toujours pas dans le commerce et qui restent encore aujourd'hui très souvent réalisées à la maison.

Pour 6 personnes

1 l de lait cru entier (ni traité ni écrémé),
10 morceaux de sucre,
2 cuillerées à café de fleur d'oranger liquide ou 2 cuillerées à café d'essence de noyau (amande amère),
1 cuillerée à soupe de présure (vendue en pharmacie)

Verser dans un plat allant au feu le lait dans lequel vous aurez préalablement mélangé le concentré de fleur d'oranger ou d'essence de noyau.

Faire tiédir le lait, très légèrement, sans le faire bouillir, en faisant fondre dix morceaux de sucre, mélangés avec une fourchette.

Pour s'assurer de ne pas faire trop chauffer le lait, y plonger un doigt et retirer du feu lorsque le lait devient trop chaud.

Hors du feu, couper en damier formant des parts individuelles sans enlever du plat.

Remettre sur feu doux jusqu'à ce que se produise une petite ébullition afin que le petit lait sorte à l'intérieur des fissures. Enlever aussitôt du feu et faire refroidir au réfrigérateur.

Servir par parts individuelles, égoutté du petit lait.

Les caillebottes

Table des recettes

Remerciements

Etablissements ostréicoles : Rémy Papin, Philippe Gaboriau, « La Cabane à Jacky », Les marins-pêcheurs de La Cotinière, Maison Rivasseau, Les caves des producteurs de l'île d'Oléron.

Les primeurs d'Oléron : Arlette et Francis Nadreau, Jacky Robert, M. Delhumeau.

Conception graphique : Brigitte Racine
Mise en page : Brice Chandivert

Imprimerie Raynard, La Guerche-de-Bretagne (35)
ISBN 2.7373.1679.0`- N° d'éditeur : 3067.01.06.05.01
Dépôt légal : mai 2001

Bernard et Maïté Nicolas de L'Auberge de la Campagne à l'île d'Oléron